Und so geht's:

Das Beispiel auf dieser Seite zeigt, wie du mit miniLÜK spielst. Diese Übung findest du auf Seite 2 und 3.

Öffne das miniLÜK®-Lösungsgerät und lege den durchsichtigen Boden des Lösungsgerätes auf die untere Übungsseite deines miniLÜK-Hefts.

Nimm Plättchen 1. und sieh dir Aufgabe 1. an.

Dort siehst du drei Vögel in einem gelben Feld und eine Rechenaufgabe. Auf der unteren Seite findest du die Lösung in Feld 5.
Lege Plättchen 1. also auf Feld 5.

So spielst du weiter, bis alle 12 Plättchen auf dem durchsichtigen Teil des Lösungsgerätes liegen und keine Bilder mehr zu sehen sind.

Dann schließt du das Lösungsgerät und drehst es um.

Wenn du das bei der Übung abgebildete Muster siehst, hast du alles richtig gemacht.
Passen einige Plättchen nicht in das Muster, löst du diese Übungen noch einmal. Stimmt es jetzt?

Und nun viel Spaß!

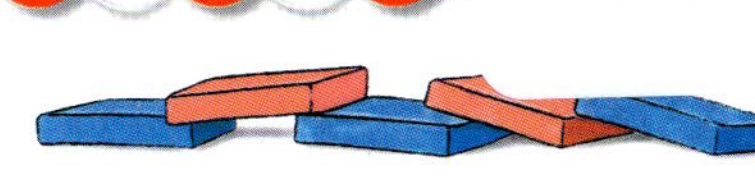

AF567711

Wie viele Vögel und wie viele Hasen sind das?

1. 2 + 1	2. 1 + 0	3. 2 + 2
4. 5 + 1	5. 1 + 1	6. 4 + 1

7. 4	8. 6	9. 2
10. 5	11. 1	12. 3

2 + 1 → 3

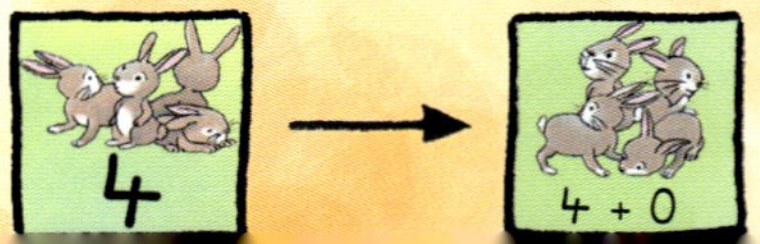

4 → 4 + 0

1	2	3	4	5	6
1 + 1	4	1	5	3	6

7	8	9	10	11	12
0 + 1	2	4 + 2	1 + 2	3 + 2	4 + 0

Wie viele Äpfel und wie viele Eier sind das?
1.
4 – 2
2.
6 – 1
3.
3 – 0
4.
5 – 1
5.
6 – 0
6.
2 – 1
7.
4
8.
3
9.
1
10.
6
11.
5
12.
2
4 – 2
2
4
5 – 1

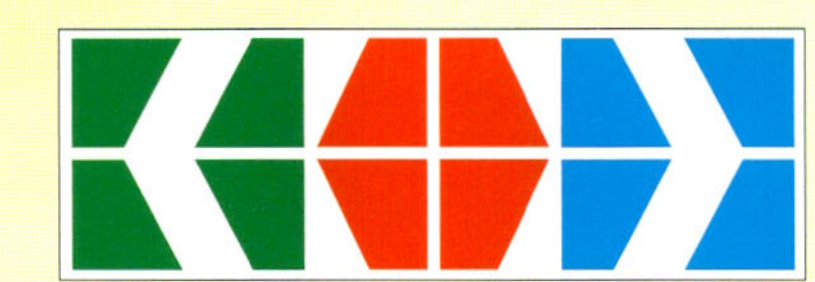

1	2	3	4	5	6
5 – 1	2	3 – 2	3	1	4 – 1
7	8	9	10	11	12
4	6 – 0	6 – 1	6	4 – 2	5

Zähle die roten und blauen Plättchen!

1.

2.

3.

4.

5.

6.

7.

8.

9.

10.

11.

12.

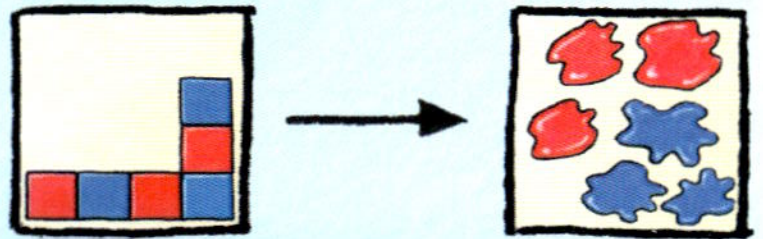

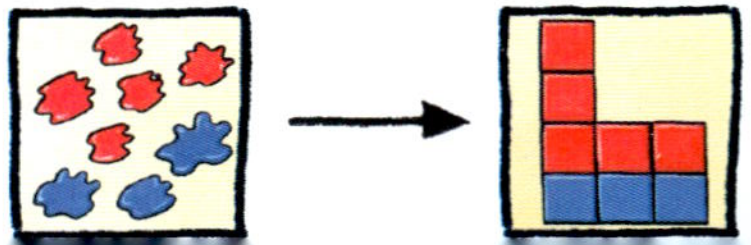

1	2	3	4	5	6
7	8	9	10	11	12

Wie viele Blumen und wie viele Äpfel sind das von jeder Sorte?
1.
2.
3.
4.
5.
6.
2+3+1
7.
5+3+0
8.
3+1+1
9.
4+2+2
10.
2+2+1
11.
3+3+2
12.
4+0+1

1	2	3	4	5	6
3+2+2	2+1+4	4+1+2	2+3+1		3+0+3
7	8	9	10	11	12
					2+2+2

Wie heißen die Geschwisterzahlen der 10?
1.
2.
3.
4.
5.
6.
7. 7+3
8. 4+6
9. 1+9
10. 8+2
11. 5+5
12. 9+1
4+6
7+3

1
8+2
2
3
7+3
4
3+7
5
6
7
2+8
8
9
10
11
5+5
12
4+6

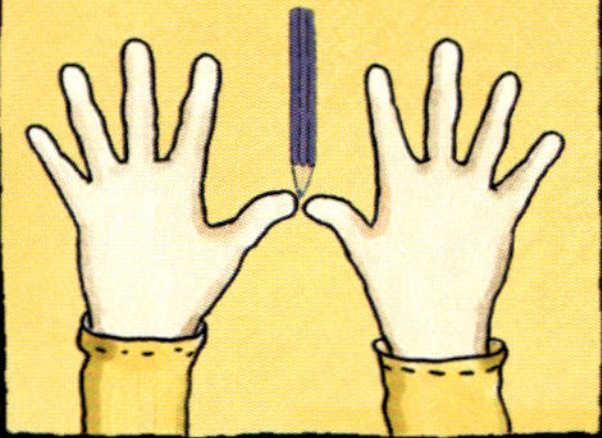

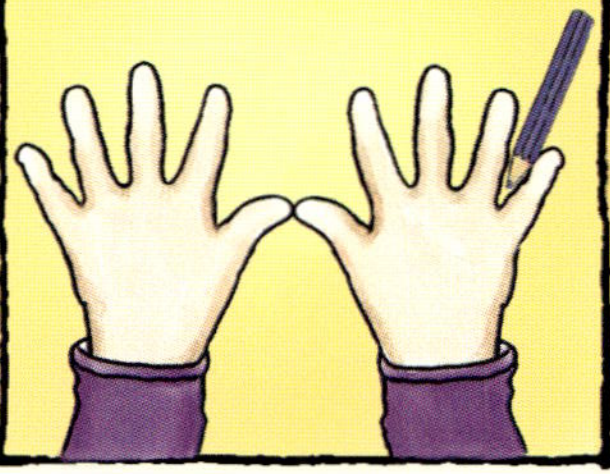

Wie ist die 10 zerlegt?
1.
2.
3.
4.
5.
6.
7.
6+4
8.
5+5
9.
0+10
10.
7+3
11.
8+2
12.
4+6
6+4

1	2	3	4	5	6
9 + 1					2 + 8
7	**8**	**9**	**10**	**11**	**12**
1 + 9		3 + 7	4 + 6	10 + 0	

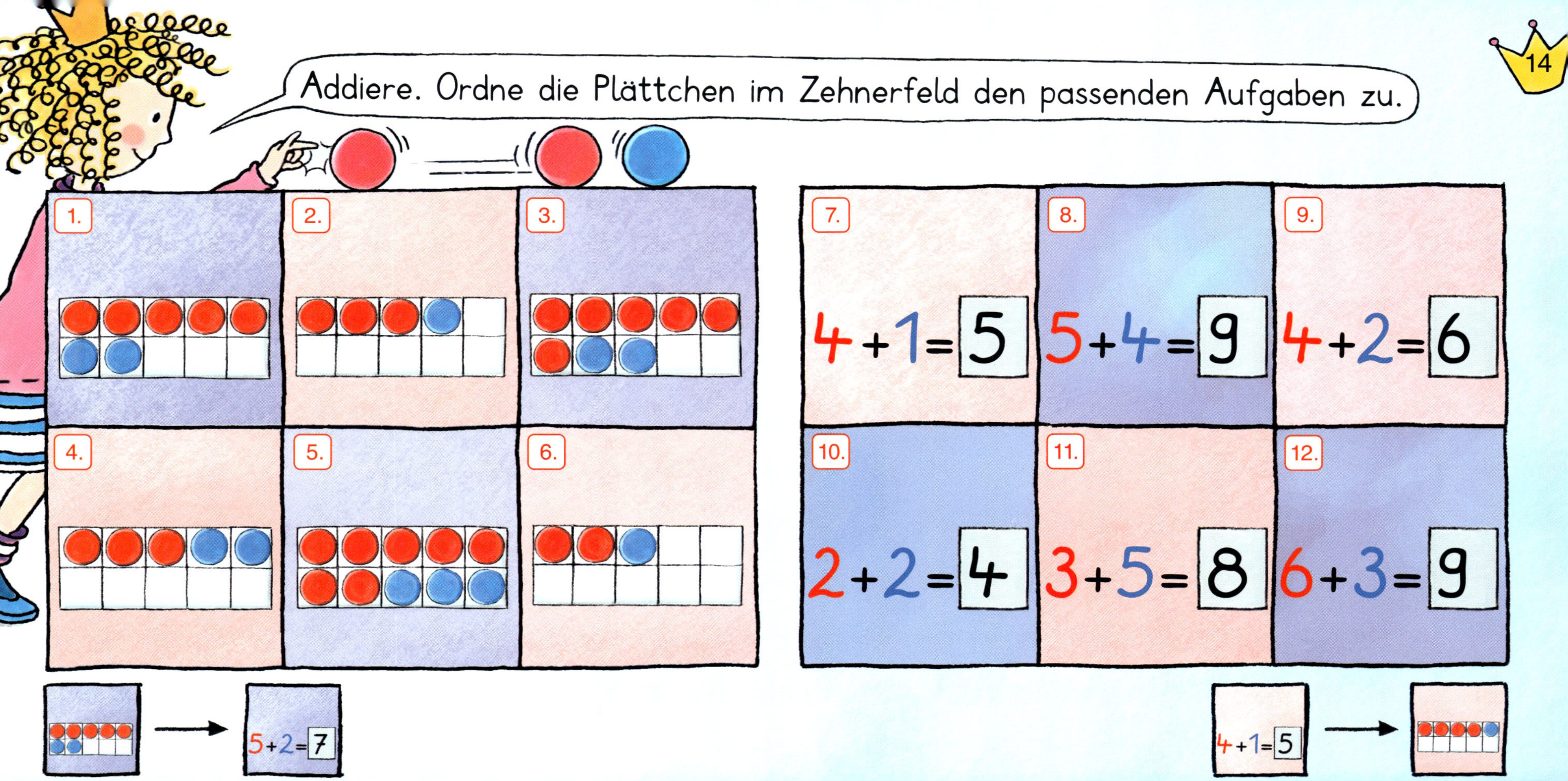
Addiere. Ordne die Plättchen im Zehnerfeld den passenden Aufgaben zu.
1.
2.
3.
4.
5.
6.
7.
4+1=5
8.
5+4=9
9.
4+2=6
10.
2+2=4
11.
3+5=8
12.
6+3=9
5+2=7
4+1=5

1	2	3	4	5	6
	3 + 2 = 5	3 + 1 = 4	2 + 1 = 3	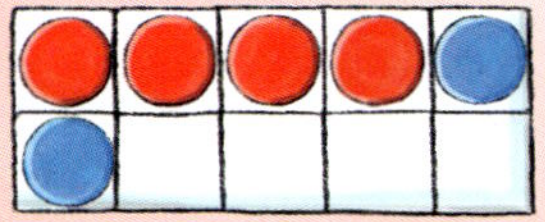	7 + 3 = 10

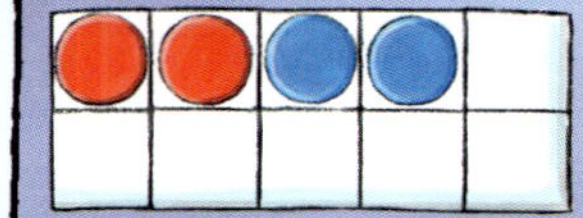

7	8	9	10	11	12
5 + 2 = 7					6 + 2 = 8

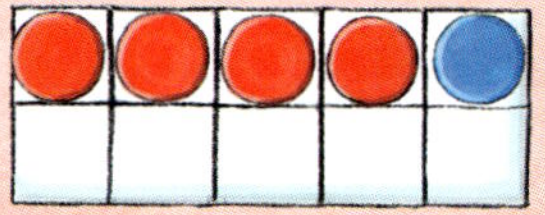

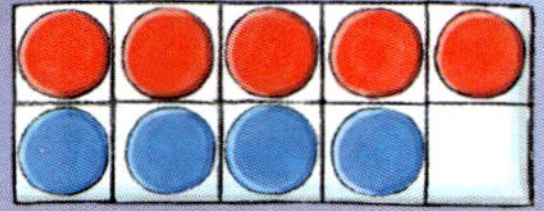

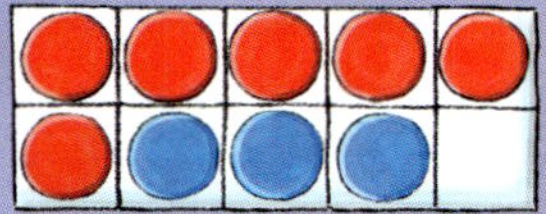

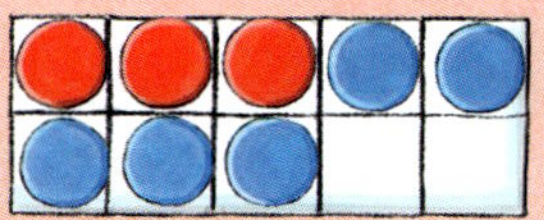

Subtrahiere. Ordne die Plättchen im Zehnerfeld den passenden Aufgaben zu.

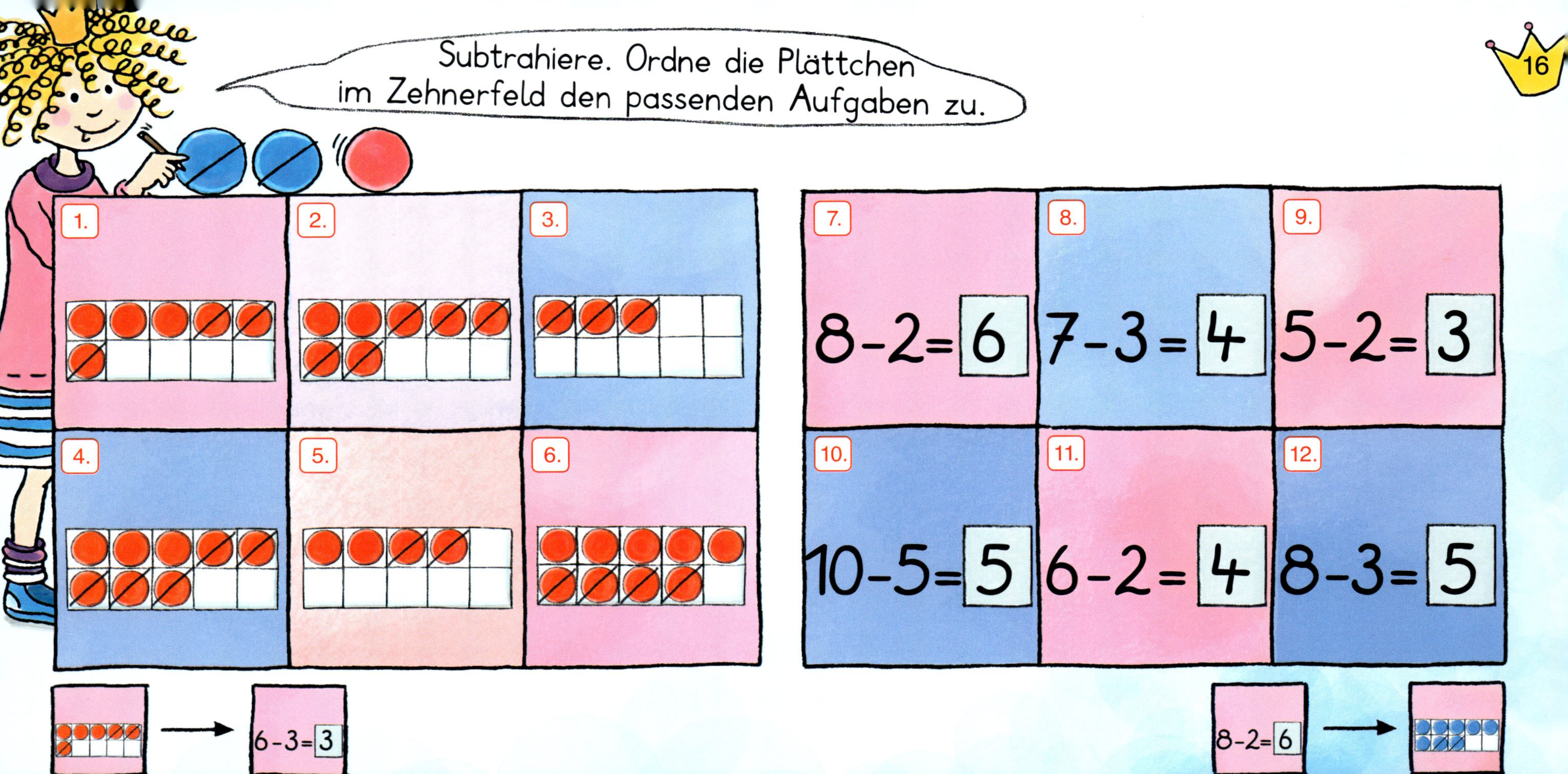

1 $6-3=3$	2 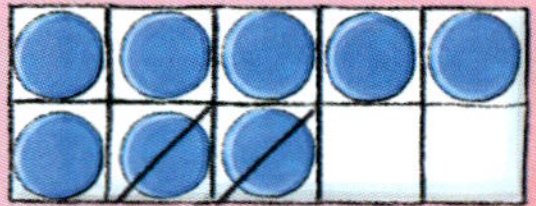	3 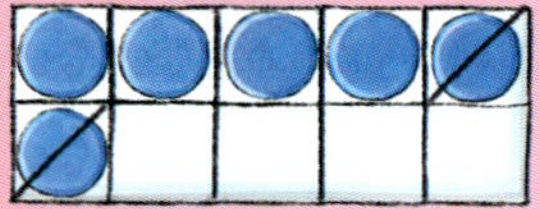	4 $4-2=2$	5 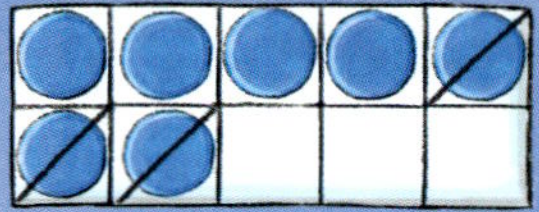	6 $9-4=5$
7 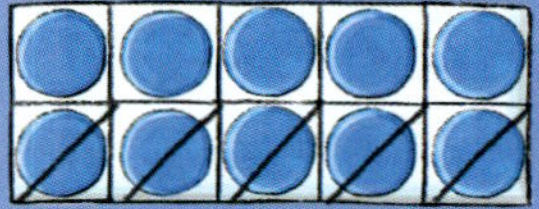	8 $8-5=3$	9 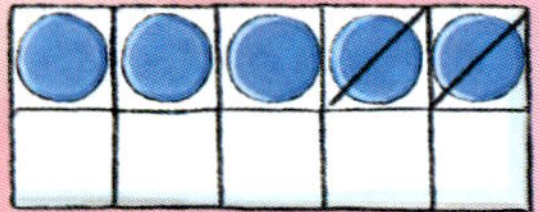	10 $3-3=0$	11 $7-5=2$	12 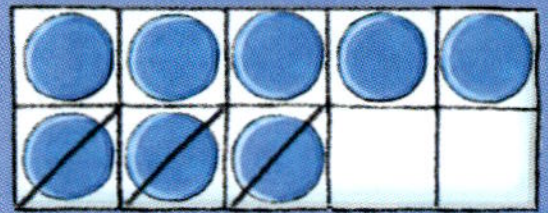

Ordne die Würfelbilder und Tauschaufgaben einander zu.

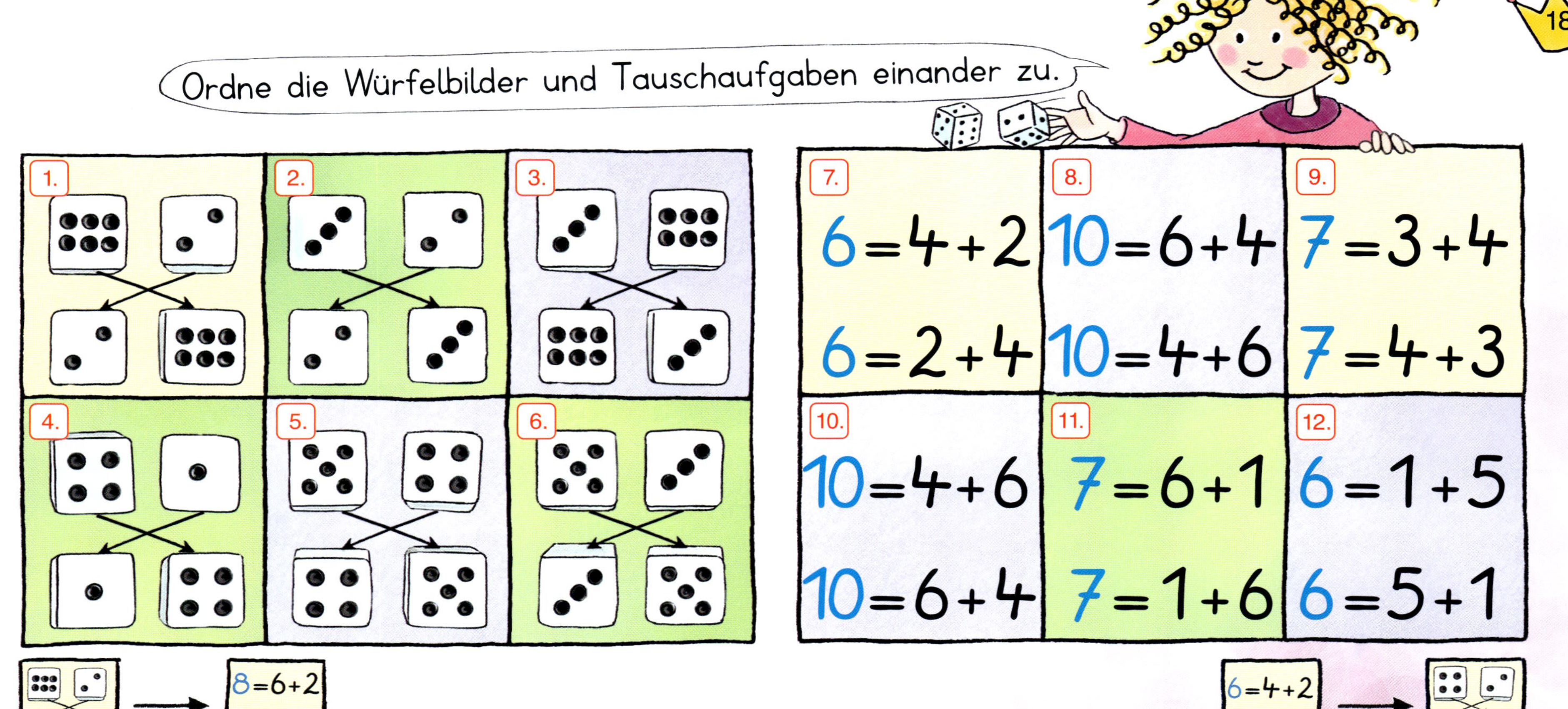

1	2	3	4	5	6
$9=5+4$ $9=4+5$ 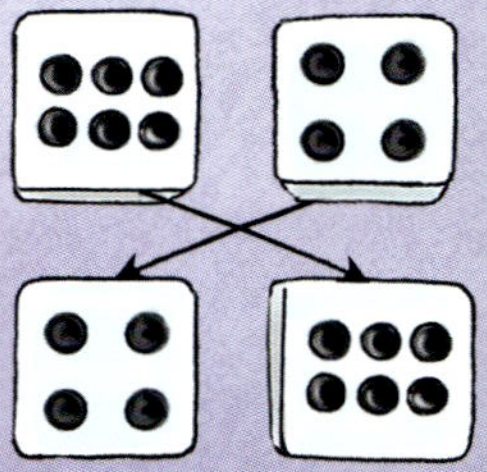				$5=4+1$ $5=1+4$	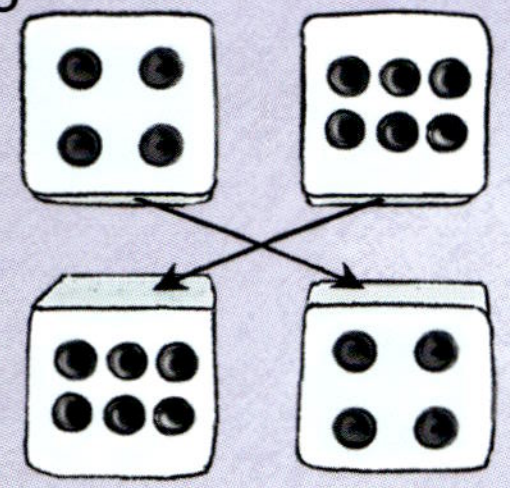

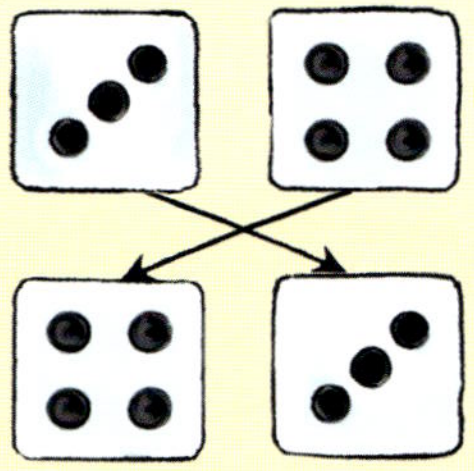

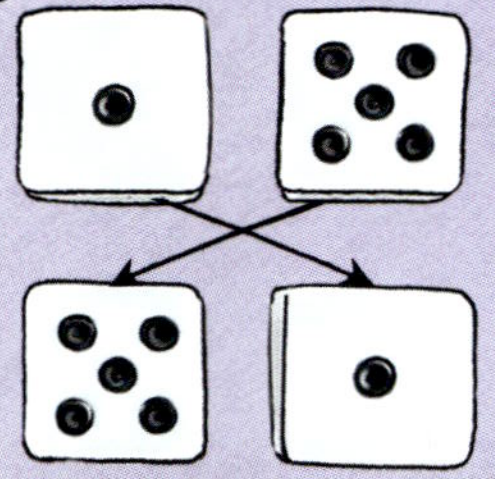

7	8	9	10	11	12
$9=3+6$ $9=6+3$		$8=5+3$ 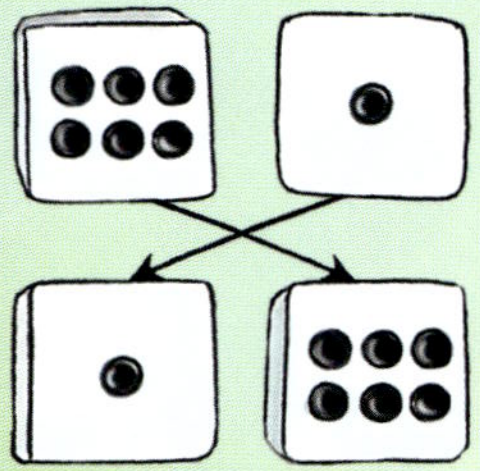 $8=3+5$	$5=3+2$ $5=2+3$	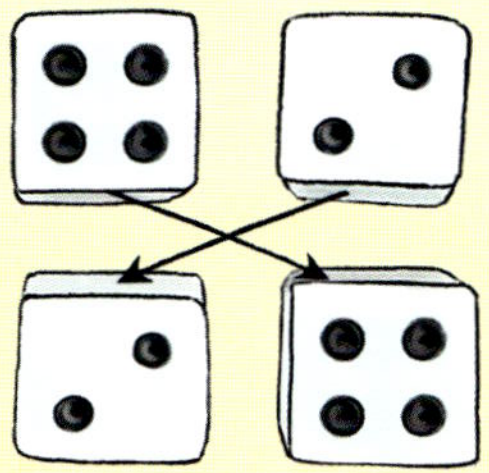	$8=6+2$ $8=2+6$

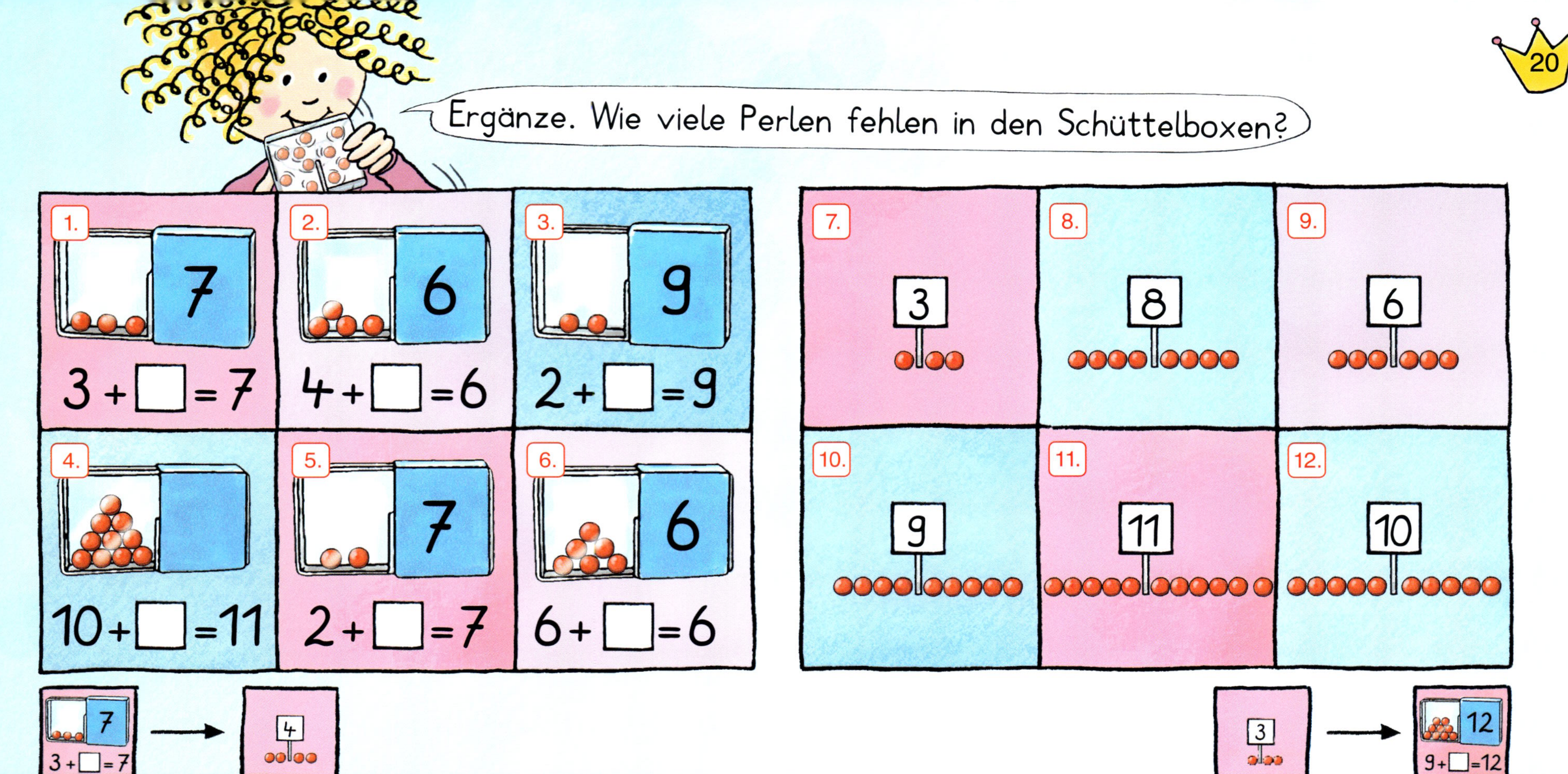
Ergänze. Wie viele Perlen fehlen in den Schüttelboxen?
1.
7
3 + □ = 7
2.
6
4 + □ = 6
3.
9
2 + □ = 9
4.
10 + □ = 11
5.
7
2 + □ = 7
6.
6
6 + □ = 6
7.
3
8.
8
9.
6
10.
9
11.
11
12.
10
7
3 + □ = 7
4
3
12
9 + □ = 12

1	2	3	4	5	6
7	12 1 + □ = 12	0	2	12 9 + □ = 12	4

7	8	9	10	11	12
5	8 2 + □ = 8	10 0 + □ = 10	9 1 + □ = 9	1	10 1 + □ = 10

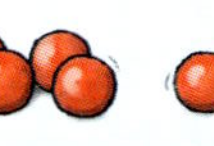

Vergleiche.
< kleiner, > größer oder = gleich?
1.
2.
3.
4.
5.
6.
7. 7 > 6
8. 6 < 7
9. 7 = 7
10. 8 > 7
11. 6 = 6
12. 7 < 8
5 > 4
7 > 6

1	2	3	4	5	6
		$4 < 5$	$5 > 4$	$6 > 5$	

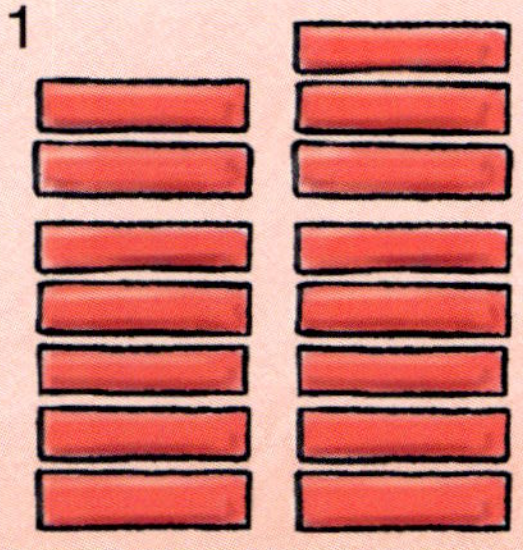

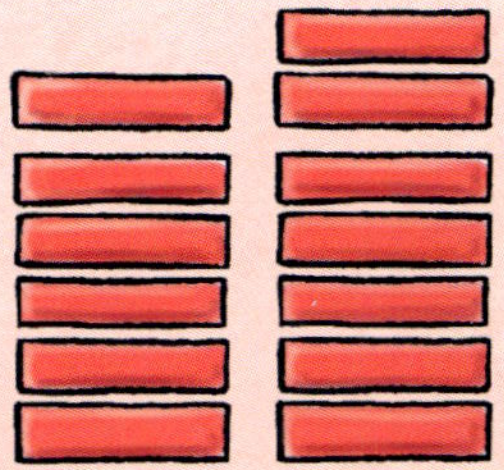

7	8	9	10	11	12
$5 = 5$	$4 = 4$			$5 < 6$	

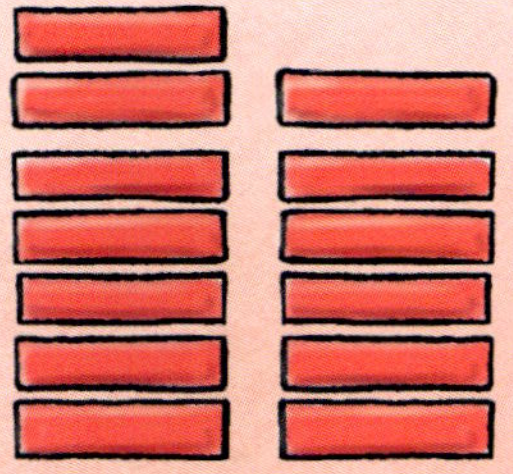

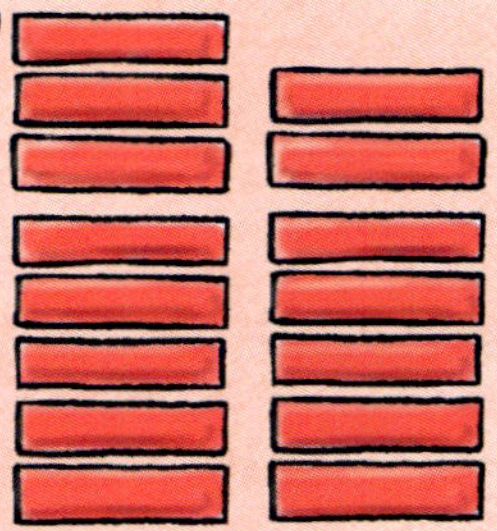

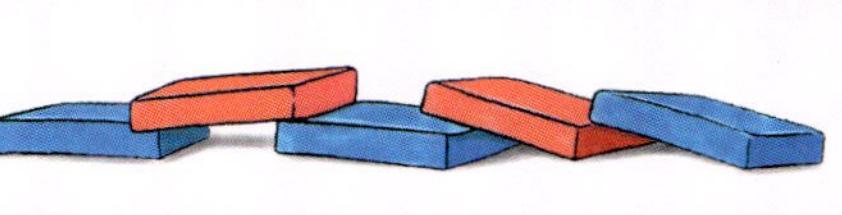

24
Verdoppeln: Wie viele Würfelpunkte erhältst du bei zwei gleichen Würfelbildern?
1.
2.
3.
4.
5.
6.
7.
10
8.
4
9.
2
10.
12
11.
6
12.
8
4
10

1	2	3	4	5	6
		2	4	12	

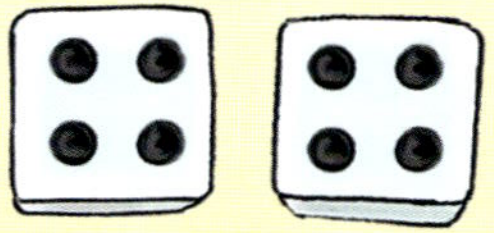

7	8	9	10	11	12
10	8			6	

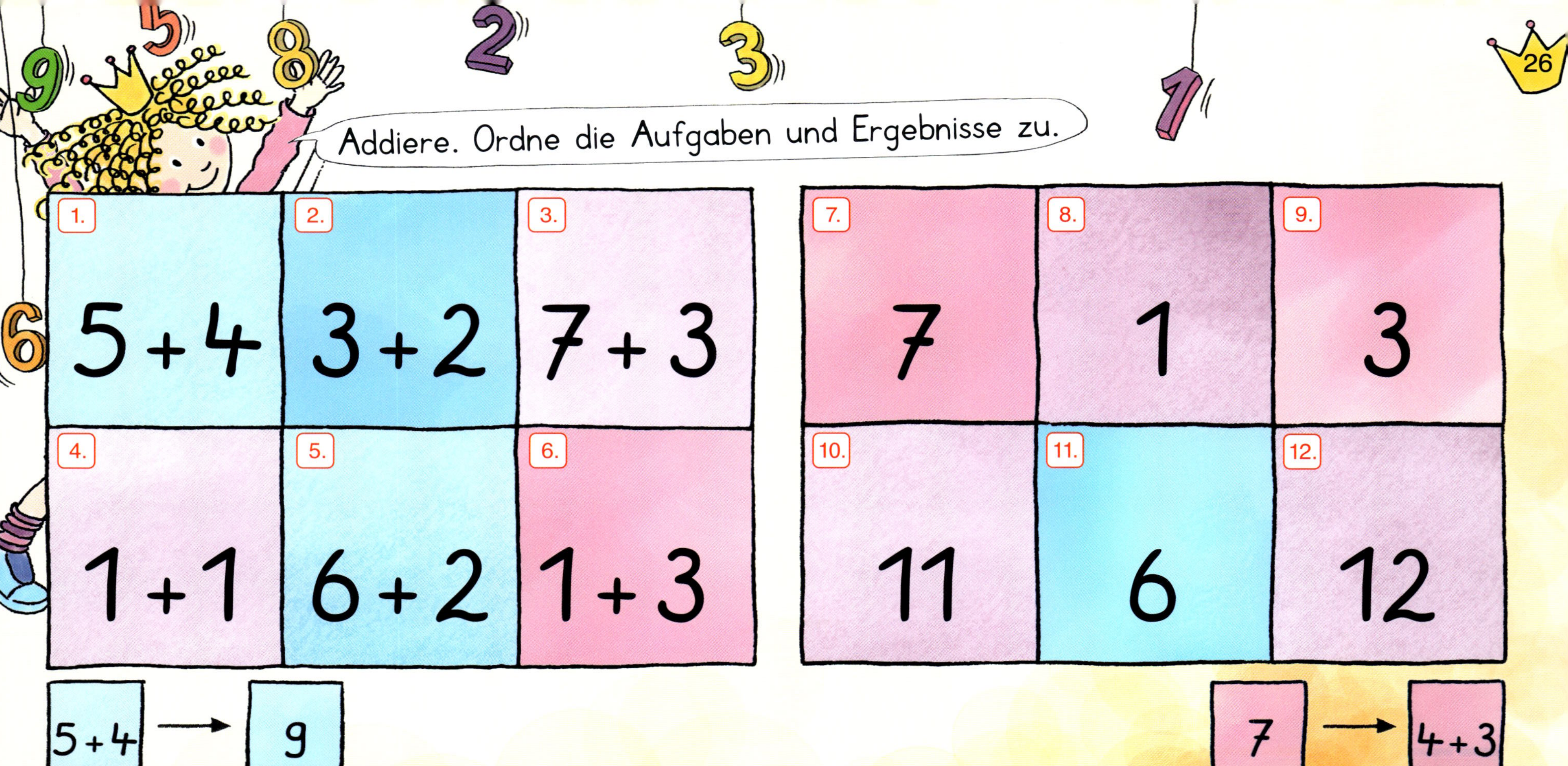

1.	2.	3.
5+4	3+2	7+3
4.	**5.**	**6.**
1+1	6+2	1+3

7.	8.	9.
7	1	3
10.	**11.**	**12.**
11	6	12

5+4 → 9

7 → 4+3

1	2	3	4	5	6
3+3	8	9	2	0+1	10+2
7	**8**	**9**	**10**	**11**	**12**
2+1	10	9+2	4+3	5	4

Subtrahiere. Ordne die Aufgaben und Ergebnisse zu.
1. 2 – 0
2. 8 – 1
3. 10 – 1
4. 8 – 3
5. 12 – 0
6. 3 – 3
7. 3
8. 11
9. 10
10. 6
11. 1
12. 4
2 – 0 → 2
3 → 6 – 3
28